¿Quién pasó por aquí?

Lada Josefa Kratky

Ilustrado por Katey Monaghan

HAMPTON-BROWN BOOKS
FOR BILINGUAL EDUCATION

Quien sabe dos lenguas vale por dos.®

¿Quién pasó por aquí?
Una gallina pasó por aquí.

¿Quién pasó por aquí?

Un caballo pasó por aquí.

¿Quién pasó por aquí?

Un pato pasó por aquí.

¿Quién pasó por aquí?

¡Ay! Es el perro.